글쓴이 생태지평연구소

생태지평연구소는 2006년에 창립되어 현재까지 아토피로 몸과 마음이 아픈 아이들을 위해 다양한 활동을 했습니다. 아이들의 건강과 자연을 지키기 위해 '아토피 Zero 운동'을 시작했고, 아토피 질환의 예방과 치유를 돕기 위한 '아토피 Zero 자연건강 캠프', '산사학교' 등의 교육 프로그램과 생활환경 조사·연구 등 다양한 활동을 하고 있습니다.

그린이 김진희

이화여자대학교에서 시각디자인을 전공하고 한국일러스트레이션학교에서 일러스트레이션을 공부했습니다. 지금은 좋은 그림책을 만드는 것을 목표로 어린이 책에 그림을 그리고 있습니다. 그린 책은 《세상에서 가장 무서운 건 누구?》, 《생각대장의 창의력 글쓰기》 등이 있습니다.

아토피가 먼지 알려 줄게!

글 | 생태지평연구소　**그림** | 김진희　**추천** | 임종한
펴낸이 | 곽미순　**편집** | 김수연　**디자인** | 김민서 이정화

펴낸곳 | 한울림스페셜　**편집** | 이은영 김수연　**디자인** | 김민서 이정화　**마케팅** | 이정욱　**관리** | 강지연
등록 | 2008년 2월 13일(제318-2008-00016호)　**주소** | 서울시 영등포구 당산로54길 11 래미안당산1차A 상가
대표전화 | 02-2635-1400　**팩스** | 02-2635-1415
홈페이지 | www.inbumo.com　　**블로그** | blog.naver.com/hanulimkids

첫판 1쇄 펴낸날 2014년 2월 17일　　**ISBN** 978-89-93143-33-1 77370

이 도서의 국립중앙도서관 출판시도서목록(CIP)은 서지정보유통지원시스템 홈페이지(http://seoji.nl.go.kr)와 국가자료공동목록시스템(http://www.nl.go.kr/kolisnet)에서 이용하실 수 있습니다. (CIP제어번호: CIP2014002361)

*잘못된 책은 바꿔드립니다.

추천글

 아토피는 스스로를 돌보며
자신감을 갖는 게 중요해요

아토피 피부염은 유전인자, 면역 체계, 환경요인 등 여러 가지 원인들이 복잡하게 연관되어 발생하는 알레르기 질환입니다. 유전적 원인이 가장 앞서지만, 환경적 원인도 크게 작용하는 것으로 짐작됩니다.

그런데 최근 들어 아토피를 포함한 알레르기 질환으로 고생하는 어린이들이 점점 늘어나고 있어 걱정입니다.

아토피 피부염이 생기지 않게 예방하거나, 혹은 아토피의 증상이 더 나빠지지 않게 하는 것도 생활환경 속에서 알레르기 항원에 노출되는 것을 막지 않으면 불가능합니다. 말하자면, 어린이 스스로가 생활 습관을 바꾸는 꾸준한 노력을 기울여야만 아토피를 예방하고 치료할 수 있습니다.

치료하기에 쉽지 않은 아토피를 이겨 내려면, 아토피가 있는 어린이 스스로가 자신을 돌보고 자신감을 가지는 것이 무엇보다 중요합니다. 그런 면에서 이 책은 어린이 눈높이에서 출발했습니다. 아토피가 있는 주인공이 친구들에게 자신의 경험을 이야기하며 아토피가 뭔지 알려 주고, 아토피를 이겨 내기 위한 올바른 생활 습관이 무엇인지 알려 주는 내용으로 꾸며져 있습니다.

　어린이의 눈높이에서 경험하고 이해한 것을 또래 친구들에게 이야기해 주는 방식이라 어린이들이 쉽게 공감할 수 있는, 어린이들을 위한 책이라고 생각됩니다. 생태지평연구소에서 그동안 아토피 아이들을 돌보면서, 현장에서 느끼고 필요한 것을 정리한 내용이어서 그만큼 알찬 내용이 담겨 있습니다.
　바라건대, 이 책이 널리 알려지고 많이 읽혀서 우리 아이들이 아토피에서 해방되는 그날이 속히 왔으면 좋겠습니다!

임종한 인하대학교 의과대학 교수

여는 글

 **함께 고민하고 바꿔야 할
우리의 숙제입니다!**

아픈 아이들이 있습니다. 몸이 아프니 마음까지 아픕니다. 아이는 말할 것도 없고 아픈 아이를 바라보는 가족들도 아프고 그들을 지켜보는 사회 전체도 아프다고 합니다. 하지만 그 병의 원인은 찾을 수 없고, 결국 '뜻을 알 수 없다'는 의미의 그리스어 '아토피(Atopy)'라 이름 지어졌습니다. 현대 '환경병'으로 불리는 아토피 질환은 말 그대로 개개인마다 원인이 다양하고 복잡하여 치료가 어렵다고 합니다.

그럼 이 아이들을 위해 무엇을 해야 할까? 어떻게 살아야 할까? 생태지평 연구소는 이런 고민에서 출발했습니다.

2006년 창립 때부터 현재까지 아토피로 몸과 마음이 아픈 아이들을 위해 다양한 활동을 했습니다. 아토피로 아파하는 아이들과 함께 원인을 찾아보기 위해 여러 검사와 연구를 시도해 보았고, 건강한 삶을 위해 생활 습관을 바꾸는 '아토피 Zero 캠프'를 진행했으며, 아토피 없는 마을을 꿈꾸는 지역에 아낌없는 조언과 교육 내용을 제공하여 전문 센터를 만드는 데 기여했습니다. 그러한 경험과 활동 속에서 아토피는 결국 환경의 문제이며 생활의 문제가 주요 원인이라 판단하고 생활 습관 개선을 위한 교육 프로그램에 집중했습니다.

이번에 출간되는 《아토피가 뭔지 알려 줄게!》 역시 아토피 없는 세상을 만들기 위한 생태지평연구소의 노력의 산물입니다. 무방비 환경오염 사회라 불리는 현대사회에서, 아토피로부터 몸과 마음의 고통을 조금이라도 줄이기 위한 여러 사람들의 지혜를 모았고 함께 공유하고 싶습니다.

《아토피가 뭔지 알려 줄게!》는 아토피를 정확히 이해하고 아이 스스로 생활 속에서 실천할 수 있는 방법, 아이가 자존감을 가졌으면 하는 바람을 담아 구성했습니다. 이 책을 아토피가 있는 아이와 가족뿐만 아니라 많은 사람들이 함께 읽었으면 하는 바람입니다.

우리 아이들의 고통을 한 번에 해결할 수는 없겠지요. 하지만 이 책을 통해 우리 서로가 주변과 아이들에게 더 관심을 기울여 우리 사회에 요구할 수는 있을 것입니다. 이 환경병을 함께 해결하자고, 아이와 가족만의 숙제가 아니라고! 그런 고민의 시작이 되기를 진심으로 바랍니다.

더불어 '아토피 없는 세상'을 위해 생태지평 연구소는 더 나은 노력을 기울이겠습니다.

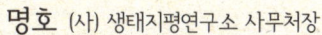
명호 (사) 생태지평연구소 사무처장

안녕!

내 이름은 **누리**야.
나는 열 살이고,
그림 그리는 걸 좋아해.
내 얼굴을 그려 봤어.
어때? 잘 그렸지?
그런데 얼굴이 좀 이상해 보인다고?
아토피 때문에 그런 거야.

아토피가 뭐냐고?

아토피는 우리 몸의 면역 체계에 이상이 생겨서
나타나는 **만성 알레르기 피부염** 이야.

무슨 말인지 잘 모르겠다고?
지금부터 내가 차근차근 알려 줄게.

알레르기는 우리 몸을 지키는
면역 체계가 밖에서 '침입한
물질'에 지나치게 과잉 반응해서
우리 몸에 해로운 증상들을
일으키는 거야.

아토피는 나이에 따라 생기는 부위도 달라지고 증상도 달라져.

갓난아기 때 내 사진을 보면
온통 불긋불긋한 얼굴뿐이야.
내 얼굴이 왜 이러냐고 엄마에게 물었더니,
내가 태어나서 다섯 달쯤 됐을 때
갑자기 **양쪽 뺨**이 발갛게 트기 시작했대.
엄마는 좀 더 자라면 괜찮아질 줄 알았는데,
첫돌이 지나면서 **배와 팔다리**에도
붉고 오돌토돌한 것이 돋기 시작하더라는 거야.
두 돌 무렵부터는 **팔다리의 접히는 부위**에
증상이 심해졌는데, 많이 가려웠는지 내가 자꾸
긁어대서 상처가 나고 피부도 거무스름해지더래.

5개월

13개월

5살

10살

걱정이 된 엄마 아빠는 나를 병원에 데려갔대.
의사 선생님을 만나고 나서야 내가 아토피 라는 걸 알게 된 거지.
엄마 아빠는 아토피가 뭔지도 몰랐대.
요즘처럼 아토피가 있는 친구들이 많지 않았나 봐.

의사 선생님은 엄마 아빠에게 아토피에 대해
친절하게 설명해 주었대. 아토피는 흔히 어린 아기
때부터 나타나는데, 자라면서 점점 좋아지기도 하고
때론 더 심해지기도 하면서 좀처럼 낫지 않는다고 말야.
또 아토피를 일으키는 원인은 여러 가지인데
정확한 원인을 알아내기가 어렵다는 사실도 그때 알게 됐다고 해.

! 우리나라 아이들 **10명 가운데 2명**이 아토피 피부염을 앓고 있대.

아토피는 정말 이상한 병이야. 왜 걸리는지도 언제 나을지도 정확하게 알 수 없거든!

아토피를 일으키는 세 가지 원인
* 가족 유전에 따른 알레르기성 체질
* 알레르기 반응을 일으키는 원인 물질
* 환경오염 등의 환경적 요인

가족 중에 천식, 비염 같은 알레르기 질환이 있으면 아토피 피부염이 생길 가능성이 높아.

알레르기 행진이라는 말을 들어본 적 있니?
알레르기 증상이 **기관지 점막**에 나타나면 **천식**이 될 수 있고,
코 점막에 나타나면 **알레르기성 비염**이 될 수 있고,
피부에 나타나면 **아토피 피부염**이 될 수 있어.

알레르기 때문에 생기는 병들은 우리 몸에서
고리로 연결된 것처럼 번갈아 가며 나타나기도 해.
이런 걸 알레르기 행진이라고 해.

아토피는 알레르기를 일으키는
다양한 원인들 때문에 생겨.

개와 고양이 같은 동물의 털이나
집먼지진드기 때문에 아토피가 생긴다고 흔히 알려져 있어.
하지만 바퀴벌레나 개미, 곰팡이가 원인이 되기도 하고,
환경오염 물질이나 화학조미료, 식품첨가물 때문이라고도 해.
달걀, 우유, 땅콩처럼 알레르기를 일으키는 음식을 먹어도
아토피가 생길 수 있대.

동물 털과 비듬, 집먼지진드기,
꽃가루, 곰팡이 등 알레르기를
일으키는 원인 물질을
알레르겐 (항원) 이라고 해.

아토피에 때문에 가장 힘든 건 참을 수 없이 가렵다는 거야.

나는 특히 팔다리의 접히는 부분이 **가려울** 때가 많아.
밤이 되면 더 심하게 가려워져서 견디기가 힘들어.
너무 가려워서 잠들지 못하거나 잠이 들었다가도 몇 번씩 깨곤 하지.
그러다 보면 마음이 불안해지거나 짜증이 나기도 해.
밤마다 잠을 못 자고 떼를 쓰며 울어대는 나를 지켜보며
엄마 아빠도 무척 힘들어 하셔.
너무 가려워서 도저히 참을 수 없을 때마다 나는 피가 날 정도로 **긁어**.
그러면 상처가 생기고, 상처 난 자리에 진물이 흐르고 **염증**이 생겨.
염증이 생기면 더 가려워져서 더 심하게 긁게 돼.

" 가려움을 참지 못하고
긁게 되면 괴로움이
계속 반복되는 거야. "

내 피부는 어릴 때보다는 나아졌지만
아직도 아토피가 심한 편이야.
이마와 볼이 붉어지고 틈만 나면 피부가 터서 정말 고민이 많아.
특히 팔꿈치나 무릎 뒤의 피부가 시꺼멓게 변해서
반팔 옷이나 반바지를 잘 입지 않아.
그런 피부를 남에게 보이기는 정말 싫거든.

아토피는 확실한 치료법이 없는 것 같아.

한의원에서는 체질을 바꿔야 한다고 한약을 지어 주었어.
면역력이 높아지면 아토피도 빨리 나을 거라고 했지.
병원에서는 스테로이드 연고를 주었는데, 바를 때만 잠시 나아질 뿐
큰 효과는 없었어.
==스테로이드 연고는 아토피 피부염에==
==가장 많이 쓰이는 치료제야.==
하지만 너무 오랫동안 바르면 피부가
얇아져서 아주 약한 자극에도 상처가 날 수 있대.
또 혈관이 피부 표면에 두드러지게 나타나거나
그 밖에도 여러 가지 부작용이 생길 수 있어.

스테로이드 연고는 반드시 의사 선생님과 상의해서 올바르게 사용해야만 해!

엄마는 **부작용**이 걱정된다며 감잎차 유제 를 직접 만들어 주셔.
천연 성분이라 부작용 걱정이 없어 안심이 되니까.
그래서 나는 피부 염증이 아주 심할 땐 스테로이드 연고를 바르고
평소엔 감잎차 유제를 발라.
나는 매일 아침 감잎차를 마셔.
맛이 좋은 건 아니지만
감잎차에는 비타민 C가 많거든.

탄닌산이 들어 있어 잠이 오지 않을 수 있으니까 오전에 마시는 게 좋아!

비타민 C는 피부를 튼튼하게 해 줘서 아토피 치료에 도움이 돼.
매일 감잎차를 마시면 비타민 C를 따로 먹지 않아도 된대.
그래서 우리 집에선 감잎차가 여러 모로 인기가 많아.

 **상처를 아물게 하고 새살을 돋게 해 주는 감잎차 유제 만들기**

1. 감잎을 따뜻한 생수에 넣어 반나절 정도 우린다.
2. 잘 우려낸 감잎차와 올리브유(혹은 현미유)를 1:1 비율로 섞어 준다.
3. 막대를 이용하여 한 방향으로 저어 준다.

아토피는 평소에 잘 관리하며 지내는 게 최선이야.

그래서 생활 속에서 조심해야 것들이 정말 많지.

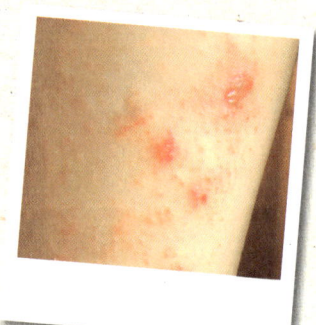

- 몸을 깨끗이 씻어야 해
- 피부가 건조하지 않게 해야 해
- 집먼지진드기를 조심해야 해
- 패스트푸드와 인스턴트식품을 멀리해야 해
- 건강한 먹을거리를 골고루 먹어야 해
- 털 있는 애완동물을 집 안에서 키울 수 없어
- 아무 옷이나 입을 수 없어
- 땀은 잘 닦아 내야 해
- 강한 햇볕은 피해야 해
- 스트레스를 받지 않아야 해

생활 속 규칙들을 잘 지키면 아토피도 이겨 낼 수 있을 거야.

몸을 깨끗이 씻어야 해

솔직히 말하면 나는 씻는 것을 아주 싫어했어.
어릴 때는 엄마가 씻겨 주려 할 때마다 안 씻겠다고 떼를 썼어.
아토피가 심한 부위에 물이 닿으면 화끈거리고
못 견디게 따가웠거든. 거울에 비친 내 몸을 보는 건 더 싫었지.
3일 동안 씻지 않고 버티다가 아토피가 심해져서
병원을 가야만 했던 적도 있었어.
물론 그 뒤로 하루에 한 번 이상 꼭 목욕을 하거나 샤워를 하고 있지.
특히 땀을 많이 흘린 날에는 두세 번도 씻어.

피부가 건조하지 않게 해야 해

나는 샤워보다는 목욕하는 걸 좋아해.

따뜻한 물에 몸을 담그고 있으면 마음이 편안해지거든.

하지만 너무 오랜 시간 목욕하는 건 좋지 않아.

오히려 피부 속 수분을 뺏기게 된대.

목욕 시간은 10~15분 정도가 적당해.

물은 너무 뜨겁지 않게 미지근한 온도로 맞추고,

피부에 순한 비누로 충분히 거품을 내서

부드러운 천으로 살살 씻는 게 좋아.

거친 때수건을 사용하는 건 피부에 자극을 주기 때문에 절대 안 돼!

목욕이 끝나면 부드러운 수건으로 톡톡 두드리듯 물기를 닦아 낸 뒤, 피부 보습을 위해 곧바로 로션이나 크림을 온몸에 충분히 발라야 해.

▷ 피부 보습이란 피부에 수분을 채워 촉촉하고 건강하게 만들어 주는 거야.

잊지 마!
샤워나 목욕 후에는 반드시 로션이나 크림을 몸 전체에 꼼꼼히 발라 줘야 한다는 걸!

이건 정말정말 중요해!

집먼지진드기를 조심해야 해

지난 겨울방학에 나는 스키 캠프에 참가했어.
캠프 첫날 밤, 같은 방 친구들과 이불 위에서 신나게 베개 싸움을 하며
놀다가 그대로 곯아떨어졌지.
그런데 이튿날 온몸이 너무 가려운 거야.
병원에 갔더니 의사 선생님이 집먼지진드기 때문인 것 같다고 하셨어.
먼지가 많은 방과 지저분한 이불과 베개가 문제였던 거지.
우리 집에서는 엄마 아빠가 자주 청소를 하시기 때문에
집먼지진드기가 아토피에 이렇게 해로울 줄 몰랐거든.

그래서 나는 어디를 가든 청소를 깨끗이 하고
이불을 털어 낸 다음에야 잠자리에 눕는 버릇이 생겼어.

집먼지진드기는 집에만 있는 게 아닌가 봐.

햇볕이 좋은 날이면 우리 집의 이불과 베개는
모두 밖으로 나와 일광욕을 해.
햇볕에 뽀송뽀송 말린 다음 잘 털어 내면
집먼지진드기를 싹 없앨 수 있어.
집먼지진드기는 우리 몸에서 떨어진 각질이나 비듬을 먹고 산대.
주로 옷이나 이불, 카펫이나 천으로 된 소파에 살고 있어서,
먼지가 쌓이지 않게 항상 깨끗이 털어 줘야 해.

청소를 자주 하는 건 정말 힘든 일이야.
그래서 요즘엔 나도 엄마가 청소하는 걸 열심히 돕고 있어.

패스트푸드와 인스턴트식품을 멀리해야 해

나는 어려서부터 아토피가 있었기 때문에 얼마 전까지 친구들이 좋아하는 피자, 햄버거, 치킨 같은 패스트푸드를 먹어 보지 못했어. **엄마는 패스트푸드가 아토피에 좋지 않다**고 절대 못 먹게 하거든. 그런데 얼마 전 친구 생일잔치에 초대받고 처음으로 먹게 되었어. 식탁에 차려진 **피자**, **햄버거**, **치킨**을 보자마자 나는 엄마의 말을 까맣게 잊었지. 결국 그날 밤에 난 패스트푸드를 먹은 대가를 혹독히 치러야 했어. 온몸이 발갛게 부풀어 오르고 너무나 가려워서 밤새도록 피가 날 만큼 긁어댔지. 나는 절대로 그 밤을 잊을 수가 없을 거야.

정말 끔찍했거든!

건강한 먹을거리를 골고루 먹어야 해

우리가 좋아하는 치킨, 피자, 햄버거, 라면 같은 음식이
몸에 나쁜 이유는 트랜스지방산 과 식품첨가물 때문이야.
식용유와 마가린에 들어 있는 트랜스지방산은
몸에 너무 해로워서 '나쁜 지방'이라고 부른대.
트랜스지방산이 많은 튀김, 패스트리빵, 생크림
케이크, 냉동 피자, 팝콘 등과 갖가지 식품첨가물이
들어간 라면이나 과자, 탄산음료는
건강을 위해 먹지 않는 게 좋아.
나이가 어리거나 특히 아토피가 있는 친구들은
면역력이 약하니까 더욱 조심해야 해.

라면, 과자 같은 인스턴트식품의 맛과 향,
색깔을 내기 위해 쓰이는 식품첨가물은
대부분 화학물질들이라서 몸 안에 쌓이게
되면 정말 해로워. 나이가 어릴수록 적은
양만 먹어도 몸에 이상이 생길 수 있대.

어릴 적에 나는 밥투정이 무척 심했대.
아토피에 좋다며 엄마가 주는 음식들은 정말 맛이 없었어.
나는 **채소**나 **나물 반찬**보다는 **달걀**이나 **고기**를 좋아하거든.
가장 먹기 싫은 건 **현미밥**과 **잡곡밥**이었어.
밥을 씹을 때마다 **거칠거칠한 느낌**이 싫었어.
나는 흰쌀밥에 고기 반찬을 해달라고 투정을 부렸지.
그럴 때마다 엄마는

음식을 잘 가려서 건강한 먹을거리를 먹어야 아토피가 좋아진다고 나를 달랬어.

내가 아토피를 이겨 내기 위해
꼭 지키는 식사 습관이 있어.

편식하지 않고 골고루 먹어.

엄마는 골고루 먹어야 몸도 건강해지고 아토피도 이겨 낼 수 있다고 했어.
그 계절에 나는 신선한 **채소와 과일**은 **피부를 건강**하게 해 준대.
견과류는 우리 몸의 **면역력**을 높여 주고,
고기와 **달걀**, **흰살 생선**, **콩**은 몸을 **잘 자라게** 해 준대.
미역, **김** 같은 **해조류**는 **소화**를 돕고 **피를 맑게** 해서
아토피 피부가 건강해진대.

음식을 먹을 때는 천천히 꼭꼭 씹어 먹어.

오래 씹어 삼키면 소화도 잘 되고, 더 많은 영양분을 흡수할 수 있어.
또 뇌를 자극해서 스트레스도 줄어들고 머리도 좋아진대.

저녁밥은 조금만 먹으려고 노력해.

저녁에는 활동을 많이 하지 않으니까 조금만 먹는 게 좋대.
저녁밥을 많이 먹게 되면 남은 에너지가 몸에서 열을 만들어 내게 돼.
몸에 열이 나면 피부에도 좋지 않아서 가려움증이 생기는 거야.

너무 맵거나 단 음식은 먹고 싶어도 참아.
단 음식이나 매운 음식이 아토피를 더욱 나빠지게 할 수 있기 때문이야.

매운 음식을 먹으면 혈액이 피부 쪽으로 몰려
혈액 양이 많아져서 쉽게 **염증**이 생기고 **가려움증**도 심해진대.
나도 친구들과 어울려 맛있게 매운 떡볶이를 먹고 싶어.
하지만 나는 매콤달콤한 맛을 일찌감치 단념해야 했지.

단 음식을 먹으면 혈액 속 당분이 늘어나
체온이 높아지고 과민 반응을 일으켜 **가려움증**이 생긴대.

그래도 어떻게 달콤한 맛을 포기할 수 있겠어?
가끔씩 나도 단 음식을 먹지만 저녁에는 절대 먹지 않아.
밤에는 안 그래도 가려움증이 더 심해지니까.

혹시 '음식물 알레르기'라는 말을 들어본 적 있니?

어떤 친구는 땅콩을 조금만 먹어도 온몸에 두드러기가 나고 가렵대.
그래서 땅콩잼이나 땅콩이 들어간 음식을 먹을 수가 없다고 해.
나는 집에서 우유를 마신 적이 거의 없었어.
그런데 어느 날 학교 급식으로 나온 우유를 마셨다가
하루종일 온몸이 가려워서 정말 힘들었던 적이 있어.
아토피가 있는 친구들은 **달걀**, **우유**, **땅콩**, **생선**처럼
알레르기를 일으키기 쉬운 음식들을 조심해서 먹어야 한대.
하지만 아토피가 있다고 해서 모두가 그런 건 아니니까
무턱대고 먹지 않는 건 좋지 않아.
미리 **알레르기 반응 검사**를 해서 알아본 다음에 가려 먹어야 해.

털 있는 애완동물을 집 안에서 키울 수 없어

얼마 전 새로 사귄 친구 집에 놀러 갔는데,
집 안에서 귀여운 **강아지**를 키우고 있었어.
그 강아지는 털이 복슬복슬해서 만지면 정말 포근했어.
나는 친구와 함께 온종일 강아지를 안고 놀았어.
그런데 자꾸 **재채기**가 나고 **몸이 가려운 거야**.
나는 **강아지의 털** 때문이라는 걸 꿈에도 몰랐어.
이제는 왜 우리 집에서 개나 고양이를 키울 수 없는지 잘 알아.

동물의 털이 아토피를 심해지게 하기 때문이야.

아무 옷이나 입을 수 없어

유치원에 다닐 때 나는 공주 드레스처럼
레이스 달린 옷이 정말 입고 싶었어.
하지만 엄마는 늘 내 맘에 들지 않는 옷들만 골라 주는 거야.
그래서 엄마에게 옷 투정을 부리며 졸랐지.
결국 엄마는 레이스가 달린 분홍색 원피스를 사 주셨어.
나는 뛸 듯이 기뻐서 당장 그 옷을 입고 밖으로 나갔지.
하지만 한 시간도 되지 않아 다시 집으로 돌아와야 했어.
레이스가 닿은 다리며 팔이 빨갛게 부어올랐던 거야.
너무 가려워서 그날은 잠도 잘 수 없었어.
그 뒤로 나는 옷 투정은 절대 하지 않아!

옷은 몸에 직접 닿는 거라 아토피가 있는 친구들은 옷을 잘 선택해야 해.
합성섬유로 만든 옷은 자극이 많고 먼지가 많이 날려서
피부에 염증을 일으킬 수 있대.
털실로 짠 까슬까슬한 옷감도 피부에 좋지 않아.
거친 옷감은 피부를 자극해서 아토피를 더 심하게 만들거든.

강한 **염색**을 한 옷감도 피부에 자극이 되니까 좋지 않대.
몸에 꽉 끼는 옷은 땀이 많이 나기도 하지만
땀이 밖으로 빠져나가는 걸 막기도 해.
그러니까 품이 넉넉한 옷을 헐렁하게 입는 게 좋겠지.

★ 내가 입는 옷 ★

강한 염색 ✕
합성섬유 ✕
순면 ○
깨끗한 ○
헐렁한 ○

가장 좋은 옷은 바람이 잘 통하고 땀을 잘 흡수하는 순면으로 만든 부드러운 옷이야.

옷뿐만 아니라 우리 몸에 직접 닿는 수건이나 베개, 이불도 순면으로 만든 것이 가장 좋아.

땀은 잘 닦아 내야 해

나는 밖에 나가 뛰어노는 걸 무척 좋아해.
운동을 하거나 신나게 놀면서 땀을 흘리고 나면
상쾌하고 기분이 좋아지거든. 하지만 땀 때문에 자주 말썽이 생겨.
땀을 흘린 뒤에 닦지 않고 그대로 두면
피부가 따끔거리며 가려워 정말 괴롭거든.
옷이 피부에 달라붙는 것도 정말 귀찮아.
그래서 나는 항상 **손수건**을 챙겨 다니며 땀이 날 때마다 자주 닦아.

아토피에 대한 수많은 오해 가운데 하나가 땀을 흘리면 좋지 않다고
생각하는 거야. 그런데 땀을 흘리는 건 나쁜 게 아니래.

**땀을 통해 열이 몸 밖으로
빠져나가 체온을 유지해
주고, 땀에 있는 면역 물질이
피부를 건강하게 해 주기
때문이지.**

땀을 흘리는 게 문제가 아니라
땀을 닦지 않고 내버려 두는 게
문제인 거야.

강한 햇볕은 피해야 해

자외선이 가장 강한 한여름과 한낮의 태양은 피해야 해.
너무 강한 햇볕을 오랫동안 쬐는 건 피부에 자극을 주니까 좋지 않거든.

하지만 **햇볕**을 적당히 쬐면 **아토피 피부**에 도움이 된대.
자외선은 **나쁜 균**을 없애 상처를 빨리 아물게 도와주고,
적외선은 **염증**을 빨리 낫게 도와줘서 피부가 건강해진다는 거야.
그래서 친구들과 밖에서 마음껏 뛰어노는 게 훨씬 좋다는 거지.
나는 햇볕 아래서 신나게 땀 흘리며 아토피와 당당히 맞설 거야.

스트레스를 받지 않아야 해

새 학년 새 학기가 시작될 때마다 **나는 늘 긴장이 돼.**
너희들도 물론 그렇겠지만 난 또 다른 이유가 있어.
예전에 내 짝이 된 아이가 갑자기 울음을 터트리며
짝을 바꿔 달라고 했던 적이 있었어.
그날 저녁 나는 너무 속이 상해서 많이 울고 많이 아팠어.
그때 일은 아직도 나에게 지워지지 않는 상처로 남아 있어.
결국 다음날 나는 학교를 가는 대신 병원에 가야 했지.
의사 선생님은 내가 **스트레스**를 받아서 그런 거라고 했어.

아토피는 스트레스를 받으면 더 안 좋아진대.

예전에 나는 정말 자신감이 없는 아이였어.

아토피가 심해져 몸이 많이 가려울 때면 수업에 집중할 수 없었고,

이런 나를 친구들이 싫어할까 봐 스트레스를 받기도 했지.

그때마다 나는 친구들에게 큰소리로 말하고 싶었어.

아토피는 누군가에게 옮기는 전염병이 아니야!

엄마는 친구들이 아토피가 뭔지 알게 되면

나를 싫어하지 않을 거라고 말씀하셨어.

나도 그렇게 믿고 싶어.

친구들이랑 친하게 지내고 싶거든.

나는 아토피 때문에 공부도 운동도
결코 잘할 수 없을 거라고 생각했어.
그래서 늘 내 자신이 불만스럽고 걱정도 많았어.

그때 엄마는 내게 딱 세 가지만 기억하라고 했어.

아토피는 내가 잘못해서 생긴 게 아니야.

도움이 필요할 때는 손을 내미는 거야.

아토피는 이겨 낼 수 있는 병이야.

이제 나는 스트레스를 받거나 걱정하기보다
항상 즐겁게 지내려고 노력해.
앞으로도 내가 조심하거나 이겨 내야 할 것들이 많을 거야.
하지만 나는 오늘보다 내일 더 많이 좋아질 거라고 믿어.
힘든 날도 많았지만 나는 서서히 좋아지고 있으니까.

앞으로 내가 무엇을 하고 싶은지 생각해 봤어.
수영장에서 자신 있게 수영도 하고 싶고,
예쁜 **발레복**도 입고 싶어.
친구들도 많이 사귈 거야.
그리고 무엇보다
어려움을 겪고 아파하는 아이들을
도와주는 사람이 되고 싶어!
나는 내가 잘해낼 수 있을 거라고 믿어.

내 **꿈**을 응원해 주지 않을래?
나도 네 꿈을 항상 응원할게.
지금까지 내 이야기 들어 줘서
고마워!

그럼, 안녕!

아토피를 이기는 열 가지 약속

1 **항상 밝고 즐겁게~ 편안한 마음이 최고예요**

아토피 피부염 때문에 쉽게 움츠러들고 울적해질 수 있어요. 그럴 때마다 모든 걸 긍정적으로 생각하며 밝게 지내려고 노력해 봐요. 스트레스는 우리 몸에 병을 일으키는 원인이 된대요. 집에서는 가족과 화목하게, 학교에선 친구들과 사이좋게 지내요. 마음이 예쁜 어린이가 몸도 건강해요.

2 **일찍 자고 일찍 일어나요**

아토피 때문에 가려워서 잠을 제대로 자지 못하면 몸도 마음도 힘들어져요. 저녁을 가볍게 먹고, 자기 전에 따뜻한 물로 샤워를 한 뒤 보습 로션을 꼼꼼히 발라 주면 잠잘 때 도움이 돼요. 일찍 잠을 자야 머리도 맑아지고 키도 쑥쑥 자란대요.

3 **땀 흘리며 뛰어놀고 운동하는 건강한 습관을 길러요**

오랫동안 TV를 보거나 컴퓨터 게임을 하는 습관은 몸과 마음을 허약하게 만들어요. 매일 운동하고 뛰어놀며 땀을 흘리는 어린이에게는 병이 생길 틈이 없지요. 땀을 많이 흘렸을 땐 꼭 몸을 깨끗이 씻어 주어야 해요. 아토피가 있는 친구들은 특히 몸을 깨끗하게 하고 피부를 촉촉하게 지켜 주는 게 중요해요.

4 제철에 나는 과일과 채소가 맛있어요

제철에 나는 채소와 과일은 우리 몸에 건강한 생명의 기운을 함께 불어넣어 주지요. 아토피를 이겨 내는 데 채소와 과일은 정말 좋은 먹을거리예요. 하지만 제철에 나지 않는 농산물은 더 많은 농약과 화학 비료를 함께 먹는 것이나 마찬가지라서 우리 몸이 힘들어져요.

5 알록달록 예쁜 사탕, 바삭바삭한 과자가 우리 몸을 괴롭혀요

공장에서 만든 과자, 사탕, 아이스크림 등은 달콤한 맛, 예쁜 색깔, 맛있는 냄새가 환상적이지요. 대부분 석유로 만든 '식품첨가물'을 넣기 때문이래요. 달콤한 유혹에 속지 말아요. 아토피란 놈이 숨어 있을지도 모르잖아요.

6 공장 음료 대신 엄마표 자연 음료를 마셔요

공장에서 만든 주스와 탄산음료에는 설탕을 무척 많이 넣는대요. 달콤한 그 맛을 못 잊어 매일매일 마시게 되면 우리 몸의 면역 기능에 이상이 생겨요. 병을 이기는 힘이 점점 약해지면 아토피가 심해질 수 있어요. 음료수 대신 건강한 물을 많이 마시면 피부가 건조해지지 않게 도와줘요.

7 고기는 적게 먹고 채소를 즐겨 먹어요

소고기 1Kg을 만드는 데 이산화탄소 36.4Kg이 나와요. 고기를 자주 먹으면 장이 무거워지고 피도 탁해지지요. 장을 가볍게, 피를 맑게 해 주는 채소를 더 즐겨 먹는 습관은 내 몸을 건강하게 만들고 지구온난화까지 줄이는 환경 실천이지요.

8 인스턴트식품이나 패스트푸드를 먹으면 나쁜 것들이 몸속에서 돌아다녀요

라면, 햄버거, 피자…… 입 안에선 매우 행복해요. 하지만 식품첨가물, 화학조미료, 트랜스지방산, 너무 많은 염분 때문에 몸속에선 너무너무 괴로워요. 매일매일 먹어대면 피부도 가렵고, 코도 막히고, 숨쉬기도 힘들어요. 건강하게 잘 자라려면 이런 음식들을 먹지 않아야 해요.

9 내 몸은 새것보다 헌것을 좋아해요

새집, 새 책, 새 옷, 새 가구, 새 장난감은 독한 화학물질이 많이 나와요. 새것을 많이 만들어 내면 자연이 병들어요. 새것만 찾게 되면 이상한 환경 질병이 생길 수도 있어요. 아껴서, 나눠 쓰고, 바꿔 입고, 다시 물려주는 실천이 내 몸도 자연도 지켜 주지요.

10 우리 몸은 자연이에요

'자연'은 지구의 모든 생명들이 사이 좋게 행복하게 함께 사는 거예요. 그래서 자연이 우리 몸과 마음을 건강하게 키워 주지요. 자연이 주는 모든 것에 감사하는 마음! 그것이 바로 건강해지는 비결이에요.